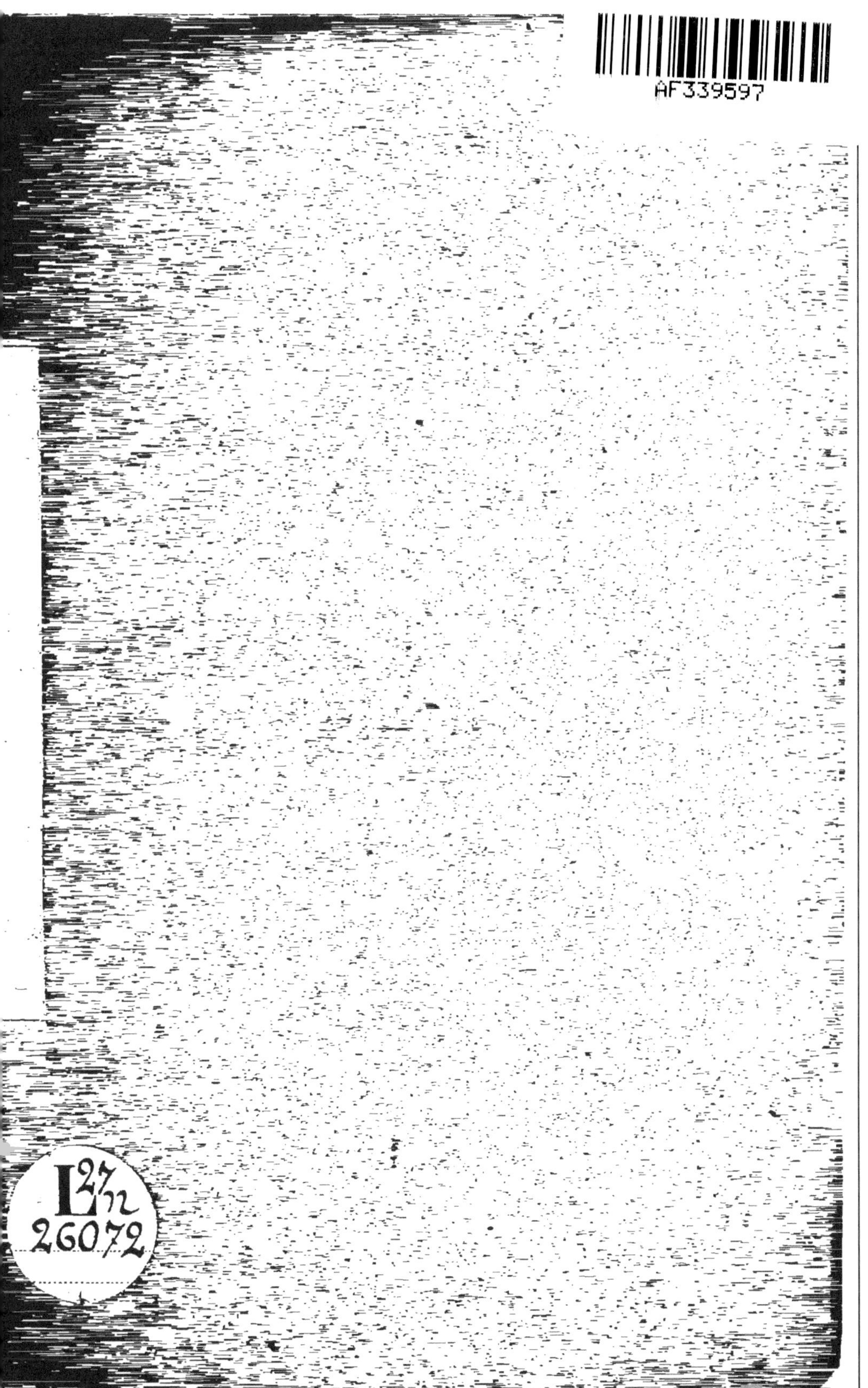

A MON ENFANT CHÉRI,

REGRETS, LARMES ET PRIÈRES !

AJACCIO,

IMPRIMERIE J. POMPEANI ET LLUIS.

1874.

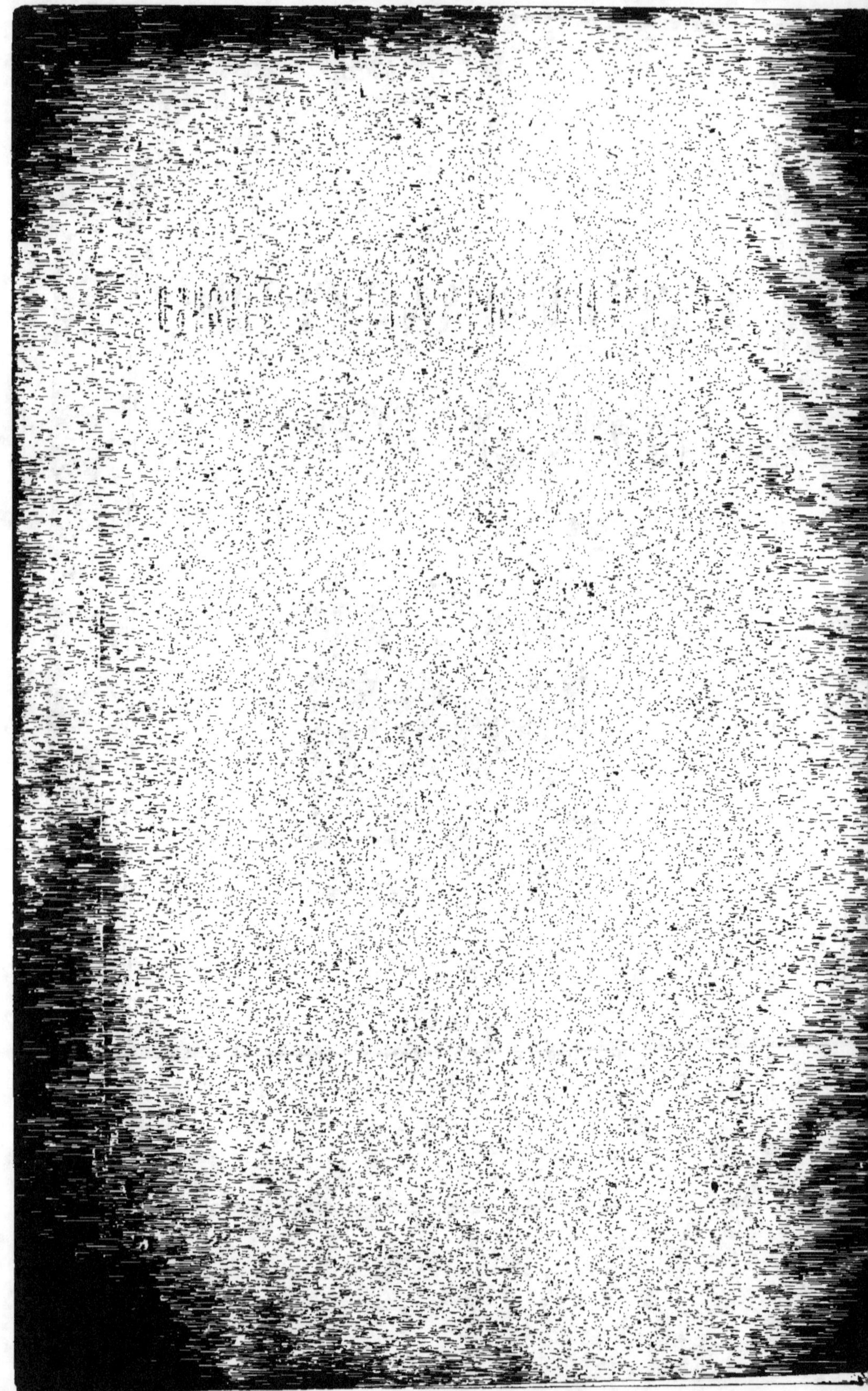

A MON ENFANT CHÉRI,

REGRETS, LARMES ET PRIÈRES!!!

A MON ENFANT CHÉRI,

REGRETS, LARMES ET PRIÈRES!!!

Antoine PERALDI, à la mémoire duquel ces lignes sont consacrées, était le plus jeune des enfants du docteur Peraldi Antoine-Félix, de Corrano. C'était un aimable enfant, plein d'intelligence, l'espoir de sa famille. Mais un vice de constitution le condamnait à mourir poitrinaire. Aussi son existence n'a-t-elle été qu'une longue agonie. Les soins les plus assidus et les plus intelligents n'y ont rien fait. Ce cher adolescent s'est éteint, le 12 Août dernier, à peine âgé de 22 ans. Une foule nombreuse accourait à ses funérailles, qui ont eu lieu le 14. Dans l'église, un petit catafalque avait été dressé, avec ces mots pour frontispice. *Melior est mors quam vita amara, et requies æterna quam languor perseverans* .Après la cérémonie, M. l'abbé Susini, se faisant l'interprète de la douleur commune, a prononcé quelques mots de consolation, parfaitement sentis.

Voici son oraison funèbre ;

Ainsi donc, cher ami, ta longue souffrance a eu un terme ! Elle est finie, la carrière de tes douleurs ! Te voilà maintenant immobile et paisible au fond de ton cercueil ! C'est bien triste, et pourtant j'ai presque envie de te féliciter, car la tombe, après tout, c'est encore le repos. C'est le plus sage des hommes qui l'a dit : *Melior est mors quam vita amara.* .. La mort vaut mieux qu'une longue souffrance !

Pour nous, cher ami, que ta perte désole, qu'il nous soit permis de verser quelques pleurs sur ta tombe. Ces pleurs te sont dûs. Ils sont dûs à ta jeunesse, à ta famille.

Ce n'est pas sans émotion, Messieurs, que j'accomplis devant vous ce devoir suprème ! Antoine Peraldi était pour moi un ami, presque un enfant. Je l'ai eu prés de moi bien jeune. Il n'avait alors que 12 ans. C'était une nature charmante, un peu pétulant, comme on l'est presque toujours à cet âge ; mais plein d'intelligence et de candeur.

Son père qui l'aimait tendrement, et qui fondait sur lui les plus belles espérances, voulait en faire un homme. Vous m'entendez: il voulait lui donner une éducation en harmonie avec sa position sociale et les traditions de sa famille. Il l'envoya au Petit-Séminaire d'Ajaccio.

Noblesse oblige, Messieurs. Le jeune Peraldi appartenait à une famille où le talent et le savoir sont héréditaires. Il en est peu d'entre vous qui n'aient entendu parler, de l'abbé PERALDI, accusateur public à Ajaccio, sous la République, puis curé dans une des plus belles paroisses de Bordeaux. Bon citoyen et bon prêtre, dans la force du mot, ce digne ecclésiastique sut, en ces jours difficiles, se concilier partout l'estime et le respect. Il avait pour sa famille une tendre sollicitude qui ne devait pas demeurer sans récompense. L'éducation du jeune Innocent, son neveu, poursuivie à grands frais, réussit parfaitement. Innocent devint un médecin distingué. Très-jeune encore, il acquit rapidement à Bordeaux un nom et une clientèle. Avec moins de modestie et d'insouciance, il aurait pu aisément devenir célèbre. Alibert, sur un mémoire que lui fournit le jeune médecin, le traite de savant. Il l'était en effet : mais son savoir ne le rendait ni farouche, ni incommode. Il était simple dans ses manières plein de politesse et d'aménité. Je n'insisterai pas : beaucoup d'entre vous l'ont connu, et l'on convient sans peine, aujourd'hui, que le docteur PERALDI a laissé un grand nom et des souvenirs qui ne s'effaceront pas.

Le jeune Peraldi, Messieurs, ne manquait pas de talents. Il avait de l'entrain, de la facilité, tout ce qu'il faut pour réussir. Mais les qualités du cœur l'emportaient. Cet enfant me fut confié bien jeune. Eh bien ! à cet âge, où l'on est si mobile et si léger, le jeune Peraldi savait déjà se faire aimer : Il était capable d'attachement et d'amitié. Cet enfant avait pour moi une affection qui ne s'est jamais démentie.

Il faut pourtant l'avouer, le succès de ses études ne répondit pas à nos espérances. La vie de pension ne lui allait pas. Nature ardente, expansive, il étouffait sous cette règle austère. Le jeune Péraldi avait besoin d'air, de mouvement, de liberté.

A tout cela, venaient se joindre des souffrances physiques, des maladies fréquentes. C'était les premiers symptômes d'un mal qui ne pardonne pas. Son père crut voir de l'inconstance et du caprice dans ses aspirations à une vie plus libre. Il insista. L'enfant se résigna ; mais cette contrainte lui devenait funeste. Il fallut changer d'établissement, et demander au Collège Fesch, un régime et des habitudes moins sévères.

Cependant l'enfant dépérissait ; les rechutes se multipliaient... Force fut de renoncer aux études, et de l'arracher à ses classes. Il était alors en troisième.

Le voilà donc rendu à sa famille. Il y avait encore tout espoir de le sauver. Il était jeune, et l'art a des ressources contre les maladies les plus graves... au reste, son père est là... C'est lui qui traitera ce cher malade...

Mais Dieu voulait l'éprouver. Antoine aimait beaucoup sa mère, et certes, elle le méritait bien. Sa bonté. sa douceur, sa piété profonde , fruit d'une excellente éducation, faisaient de cette femme une mère accomplie. Elle avait, du reste, les qualités et les manières qui distinguent la famille Poggi, où la droiture et l'urbanité la plus exquise s'allient si bien avec le talent.

Antoine était bon fils : il avait pour sa mère, même dans ses caprices d'enfant , une entière déférence. Cette mère chérie était de moitié dans ses peines, elle lui rendait tout supportable. Il souffrait déjà beaucoup : il eut même à subir de graves maladies ; mais en la voyant calme et souriante à son chevet, il prenait courage. Ma mère est confiante, se disait-il, je ne puis donc pas mourir !

Le sort a des retours cruels, des revers soudains ! Cette mère si tendre, frappée d'un mal atroce, s'éteignit de consomption, après plusieurs mois de souffrance. Elle accepta la mort avec résignation, presque avec joie. Dieu m'exauce, disait-elle, je m'en vais la première !

Le coup fut terrible pour notre cher jeune homme. Il en demeura longtemps comme étourdi.

Inutilement il essaya de reprendre ses études interrompues. Il fallut céder, et se renfermer pour un traitement sévère… Déçu dans ses plus chères espérances, le docteur Peraldi, redoubla d'amour et de soins. Ce cher enfant fut depuis lors son unique préoccupation, l'objet de sa constante sollicitude.

Dire ce qu'il a fait, ce qu'il a tenté pour le sauver, ce qu'il a souffert, c'est chose impossible ! C'est Jacob luttant avec l'ange, l'art au prises avec la maladie ; mais celle-ci devait enfin triompher !…

Triste année, Messieurs, que celle qui vient de s'accomplir ! que de revers ont marqué ses derniers jours ! que de sang et de larmes à fait couler cette guerre maudite, où Dieu se déclarant contre nous a donné le succès à la force brutale !

Antoine avait un frère sous les drapeaux, jeune officier, plein d'avenir et d'espérance. C'était un cœur fait à l'image du sien. Mêmes aspirations, même nature, même caractère chevaleresque….

Un jour, triste jour que celui-là ! Son père, en l'embrassant, lui annonça que ce frère chéri était tombé en brave devant Orléans. — Innocent n'était plus ! et lui, le frère aimant au cœur si sensible, il était si malade qu'il n'avait même pas la force de pleurer !....

Depuis lors, c'en fut fait ! Le jeune malade s'assombrit, s'affaissa. La force de son caractère, sa vigueur morale le soutenait encore ; mais le mal s'aggravait d'une façon désespérante : son heure avait sonné.

Vous parlerai-je, Messieurs, de sa dernière maladie ? elle a été longue et cruelle. Mais la patience du cher défunt ne s'est pas démentie un seul instant. Toujours tranquille et souriant, il ne se laissait point abattre. Et cependant, les jours étaient bien tristes, les nuits bien longues ! Enfin le terme arriva. Lui-même se sentant défaillir, il demanda les derniers sacrements. Il communia avec la ferveur d'un ange, puis il croisa ses mains sur sa poitrine, et fit à Dieu le sacrifice de sa vie. A vingt ans, Messieurs, ce sacrifice doit avoir son prix ! C'est ainsi qu'il est mort. Son unique regret, c'était de laisser dans la désolation et les larmes un frère chéri, un père adoré...

Et maintenant, Messieurs, que puis-je vous dire encore ? Vous l'avez connu : n'est-ce pas que sa mort mérite bien nos regrets ? Le jeune Peraldi aimait beaucoup ses parents, ses amis. Pour moi, je ne vous le cacherai pas, sa perte laisse dans mon cœur un grand vide ! Oui ; cher ami, ton nom, ton souvenir me restera. Il sera mêlé à toutes mes souffrances, à toutes mes prières !

Je t'entends, cher ami, du fond de ton cercueil, tu me dis de consoler ton père et ta famille. C'est une tâche bien difficile et je ne sais trop comment m'y prendre...

Il est des douleurs que la religion seul peut adoucir. Que dire, en effet, à ce père adoré, resté presque seul en ce monde ? Il n'avait que toi pour s'épancher. Tu étais, depuis quelque temps sourtout, son ami, son confident, son consolateur aux heures funèbres de la vie.

Et maintenant, que va-t-il devenir ce père infortuné ? Un vide immense s'est fait autour de lui.... Il a beau se tourner pour chercher une consolation, une espérance... partout le silence... partout la solitude !...

Pourtant, s'il voulait m'écouter moi, son ami, je lui dirais que moi aussi, j'ai bien souffert et des rigueurs du sort et de la méchanceté des hommes.

Je lui dirais que la vie est bien amère, qu'elle a des déceptions cruelles et des souffrances profondes. — Que la mort est un bienfait pour ceux qui souffrent. — Je lui dirais qu'il fait beau, même à vingt ans, d'échanger les larmes et les amertumes de la vie contre les splendeurs et les joies de ce monde où la douleur est inconnue !... Hélas ! en ce moment, je ne puis que mêler mes larmes aux siennes !

Et puis, ce cher enfant, Messieurs, a fait une mort si chrétienne, si résignée, si pleines d'espérances pour l'éternité, que ses parents, ses amis, en se rappelant ses derniers jours pourront se dire :

Oui, ce cher ami, a pu faiblir: il a pu, ce cher enfant, payer tribut à l'inexpérience et aux vivacités de l'âge ;

mais sa mort a tout effacé : Dieu l'a recueilli. Oui, nous l'espérons, s'il l'a ravi à son père, à sa famille, c'est pour en faire un élu dans son ciel étincelant. Il n'est pas perdu, ce cher enfant! il est au Ciel ; il nous attend et il prie pour nous. Au moment où nous lui adressons ce dernier adieu, il nous sourit de son trône d'étoiles.....

Adieu donc, cher ami, adieu! Prie pour nous, pour ton père. Adieu! repose en paix dans ta couche funèbre. Ici la douleur du moins ne viendra pas te réveiller.

Corrano, le 14 août 1871.

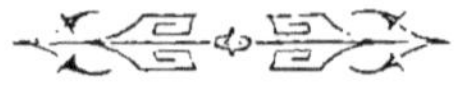

Ajaccio, Imp. J. Pompeani et Lluis

103

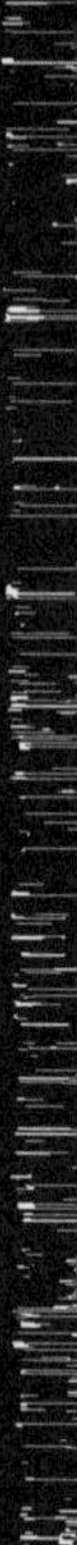

BIBLIOTHEQUE NATIONALE DE FRANCE

www.ingramcontent.com/pod-product-compliance
Lightning Source LLC
Chambersburg PA
CBHW061823060726
47597CB00008B/3331